Visita ao Santíssimo e Consagração a Nossa Senhora Aparecida

Textos e organização:
Ir. Alan Patrick Zuccherato, C.Ss.R.
Pe. José Ulysses da Silva, C.Ss.R.

Capa: Núcleo de criação do Santuário Nacional

ISBN 978-85-369-0606-5

7ª impressão
Tiragem total até a 7ª impressão: 60.000 exemplares

Todos os direitos reservados à **EDITORA SANTUÁRIO** – 2024

Rua Pe. Claro Monteiro, 342 – 12570-045 – Aparecida-SP
Tel.: 12 3104-2000 – Televendas: 0800 016 00 04
www.editorasantuario.com.br
vendas@editorasantuario.com.br

ACOLHIDA

Unidos em Cristo, com Maria, visitamos Jesus no Santíssimo Sacramento e nos consagramos a Nossa Senhora Aparecida. Maria nos leva a Jesus e leva a Comunidade a Jesus. Aproximemo-nos do Senhor presente na Santa Eucaristia para alguns momentos de conversa pessoal e de afeto com nosso Deus e Redentor. Ele está sempre diante de nós e fica feliz com nossa visita. Logo em seguida, faremos nossa Consagração à Mãe Aparecida.

CANTO INICIAL
(EXPOSIÇÃO DO SANTÍSSIMO)

ORAÇÃO DE SANTO AFONSO MARIA DE LIGÓRIO

PRESIDENTE: Em nome do Pai ✝ e do Filho e do Espírito Santo.
TODOS: Amém.
PRESIDENTE: Meu Senhor Jesus Cristo, por amor a nós, permaneceis dia e noite neste Sacramento da Eucaristia, cheio de misericórdia e de amor,

• 3 •

esperais, chamais e acolheis a todos os que vêm visitar-vos.

Todos: Nós cremos que estais realmente presente no Sacramento do altar.

ANIMADOR: Nós vos adoramos e vos damos graças por todos os dons que nos destes, especialmente pela entrega que fizestes de vós mesmo neste Sacramento e por nos terdes dado como protetora Maria, vossa Mãe.

TODOS: Nós vos agradecemos, Senhor, por nos terdes convidado a visitar-vos neste momento.

PRESIDENTE: Nós vos agradecemos pela vossa presença sempre continuada em nosso meio pela santa Eucaristia. Por isso, desejamos também amar-vos com toda a inteligência e com todo o nosso coração.

TODOS: Obrigado, Senhor, por todas as Eucaristias que são celebradas em todo o mundo.

ANIMADOR: Queremos, com esta visita, adorar-vos em todos os altares do mundo, onde a vossa presença neste Sacramento é menos reverenciada e mais abandonada. Queremos também vos pedir perdão pela indiferença e pelas ofensas que recebeis neste Sacramento.

TODOS: **Senhor, tende piedade daqueles que vos desconhecem e não vos respeitam.**

PRESIDENTE: Queremos também, neste momento, vos pedir perdão por não reconhecermos, amarmos e respeitarmos a vossa presença no coração e na vida de cada irmão e irmã, especialmente nos mais pobres e abandonados.

TODOS: **Senhor, perdoai a nossa falta de amor, de respeito e de atenção ao próximo, no qual fazeis morada.**

ANIMADOR: *Queremos ainda, Senhor, depositar em vosso coração misericordioso nossa vontade, nossos sentimentos e nossa vida, para que sejamos vosso sacrário vivo.*

TODOS: **Senhor, fazei-nos viver em vosso amor. Por isso, ajudai-nos a transformar nosso coração, nosso pensar e nosso agir.**

PRESIDENTE: Senhor, que, ao receber-vos na comunhão eucarística, possamos comungar também vossas atitudes de amor, de misericórdia, de bondade e de respeito para com todas as pessoas.

TODOS: **Senhor, fazei de nós discípulos-missionários vossos, no amor, na justiça, na solidariedade e no perdão.**

ANIMADOR: *Que tenhamos sempre confiança em vós, especialmente nos momentos de angústia, sofrimento e dor, na certeza de que vós estais presente, bem junto de nós.*

TODOS: Senhor, fortalecei nossa fé e aumentai nossa confiança em vós.

PRESIDENTE: Que, unidos a vós, ó Jesus, sob a proteção de vossa e nossa Mãe Santíssima, possamos ser sempre firmes em nossa fé cristã, comprometidos com a justiça, a solidariedade e a paz.

TODOS: Ficai conosco, Senhor, para que nosso modo de agir seja sinal de nossa fidelidade e comunhão convosco.

ANIMADOR: *Enfim, Jesus, nosso Santíssimo Redentor, nós depositamos nossos pedidos, agradecimentos e louvores em vosso coração cheio de amor, na confiança e certeza de que o Senhor os acolha e atenda.*

TODOS: Senhor, acolhei nossa oração sincera e fazei de nós um sinal de vosso amor e de vossa bondade para com todos.

(BREVE MOMENTO DE SILÊNCIO)
Envie suas intenções, ligue para 0300 2 10 12 10

BÊNÇÃO DO SANTÍSSIMO SACRAMENTO

Em Jesus vivemos, movemo-nos, existimos e somos! Esta é a hora da Bênção, nossos olhos veem o Pão da Vida sobre o Altar. A Eucaristia é a maior de todas as bênçãos, porque é a grande "ação de graças" ao Pai dos homens unidos em Cristo, e é a grande Bênção que transborda de sua bondade para nós (1Cor 11,23-26).

CANTO: TÃO SUBLIME SACRAMENTO
— Tão sublime Sacramento adoremos neste altar
Pois o Antigo Testamento deu ao Novo o seu lugar!
Venha a fé por suplemento os sentidos completar.
— Ao eterno Pai cantemos e a Jesus o Salvador
Ao Espírito exaltemos, na Trindade eterno amor
Ao Deus uno e trino demos a alegria do louvor. Amém.

PRESIDENTE:
— Do céu lhes destes o Pão. (T.P. Aleluia)
— **Que contém todo sabor. (T.P. Aleluia)**

• 7 •

OREMOS: Senhor Jesus Cristo, neste admirável Sacramento nos deixastes o memorial de vossa paixão. Dai-nos venerar com tão grande amor o mistério do vosso Corpo e do vosso Sangue, que possamos colher continuamente os frutos da Redenção. Vós que viveis e reinais com o Pai, na unidade do Espírito Santo.

TODOS: Amém

ANIMADOR: *Deus vos abençoe e vos guarde! Que Ele vos ilumine com a luz de sua face e vos seja favorável! Que Ele vos mostre o seu rosto e vos traga a paz! Que Ele vos dê a saúde da alma e do corpo!*

TODOS: Nosso Senhor Jesus Cristo esteja perto de nós para nos defender. Esteja em nossos corações para nos conservar. Que Ele seja nosso guia para nos conduzir. Que nos acompanhe para nos guardar. Olhe por nós e sobre nós derrame sua bênção!

ANIMADOR: *Graças e louvores sejam dados a todo momento.*

TODOS: Ao Santíssimo e Diviníssimo Sacramento!

ANIMADOR: *Jesus manso e humilde de coração.*

TODOS: Fazei o nosso coração semelhante ao vosso!

(RECOLHE-SE O SANTÍSSIMO ENQUANTO SE CANTA)

(CATEQUESE / MENSAGEM MISSIONÁRIA)

LOUVOR A NOSSA SENHORA APARECIDA – MAGNIFICAT

Com Maria, a nossa alma engrandece o Senhor, pois a bondade de Deus, sua fidelidade às promessas e sua misericórdia representam motivos de alegria.

PRESIDENTE: Senhora Aparecida, nossa querida Mãe e Padroeira, louvamos e adoramos vosso Filho bendito presente na Santa Eucaristia. Neste momento, nós nos unimos a Vós, em vosso hino de louvor e de agradecimento a Deus por todas as graças que, por vossa intercessão, temos conseguido:

TODOS: **O Senhor fez em mim maravilhas, Santo é seu nome!** *(Cantado)*

ANIMADOR: *A minha alma engrandece o Senhor e exulta meu espírito em Deus meu Salvador, por-*

• 9 •

que olhou para a humildade de sua serva. Dora-
vante, as gerações hão de chamar-me de Bendita.
TODOS: **O Senhor fez em mim maravilhas, Santo é seu nome!** *(Cantado)*
PRESIDENTE: O Poderoso fez em mim maravilhas e Santo é seu nome! Seu amor para sempre se estende sobre aqueles que o temem.
TODOS: **O Senhor fez em mim maravilhas, Santo é seu nome!** *(Cantado)*
ANIMADOR: *Manifesta o poder de seu braço: dispersa os soberbos, derruba os poderosos de seus tronos e eleva os humildes.*
TODOS: **O Senhor fez em mim maravilhas, Santo é seu nome!** *(Cantado)*
PRESIDENTE: Sacia de bens os famintos, despede os ricos sem nada. Acolhe Israel seu servidor, fiel ao seu amor.
TODOS: **O Senhor fez em mim maravilhas, Santo é seu nome!** *(Cantado)*
ANIMADOR: *Glória ao Pai e ao Filho e ao Espírito Santo.*
TODOS: **Como era no princípio, agora e sempre. Amém.**
TODOS: **O Senhor fez em mim maravilhas, Santo é seu nome!** *(Cantado)*

BÊNÇÃO DA ÁGUA

Acompanhemos com Fé este momento da Bênção da Água. E agradeçamos a Deus que fez a água ser mãe da vida.

PRESIDENTE: Senhor Jesus, vós realizastes pela água a cura de "qualquer enfermidade", vós nos prometestes "a água que jorra para a vida eterna", e "da água e do Espírito Santo" nos fizestes nascer para a vida divina pelo Batismo;

TODOS: Vós fizestes "aparecer" das águas do rio Paraíba/ a imagem de Nossa Senhora Aparecida/ para ser um grande sinal de Misericórdia e Salvação para o povo brasileiro:

PRESIDENTE: Derramai sobre esta água a graça salvadora da Vossa Bênção, † a fim de que ela possua a força divina para afastar os males e as doenças.

TODOS: Fazei que todos aqueles que dela tomarem,/ servindo a Vontade do Pai Celeste e por intercessão da Mãe Imaculada,/ tenham saúde e salvação.

PRESIDENTE: Que esta água seja ainda um motivo de fé e confiança para as mães que

• 11 •

esperam o nascimento dos seus filhinhos: que elas alcancem a graça do Santo Batismo. Vós que viveis e reinais com o Pai na unidade do Espírito Santo.

TODOS: Amém.

CONSAGRAÇÃO A NOSSA SENHORA APARECIDA

Ter Maria por Mãe é uma grande graça! Vamos a ela nos consagrar para imitá-la, ter o seu jeito e seguir o seu itinerário. Ela é a primeira de nós na Peregrinação da Fé: Mulher Feliz e Bendita, porque acreditou. Renovemos nosso amor e nossa devoção:

PRESIDENTE: Ó MARIA SANTÍSSIMA, pelos méritos de Nosso Senhor Jesus Cristo, em vossa querida imagem de Aparecida, espalhais inúmeros benefícios sobre todo o Brasil.

EU, embora indigno de pertencer ao número de vossos filhos e filhas, mas cheio do desejo de participar dos benefícios de vossa misericórdia, prostrado a vossos pés, consagro-vos o meu entendimento, para que sempre pense no amor que mereceis; consagro-vos a minha língua para que sempre vos louve e propague a vossa devoção; consagro-vos o meu coração, para que, depois de Deus, vos ame sobre todas as coisas.

RECEBEI-ME, ó Rainha incomparável, vós que o Cristo crucificado deu-nos por Mãe, no ditoso número de vossos filhos e filhas; acolhei-me debaixo de vossa proteção; socorrei-me em todas as minhas necessidades, espirituais e temporais, sobretudo na hora de minha morte.

ABENÇOAI-ME, ó celestial cooperadora, e com vossa poderosa intercessão, fortalecei-me em minha fraqueza, a fim de que, servindo-vos fielmente nesta vida, possa louvar-vos, amar-vos e dar-vos graças no céu, por toda eternidade. Assim seja!

CANTO: DAI-NOS A BÊNÇÃO, Ó MÃE QUERIDA!

ORAÇÃO PELA PÁTRIA

TODOS: **Ó Senhora da Conceição Aparecida, mostrai que sois a Padroeira de nossa pátria e a Mãe Querida do povo brasileiro. Abençoai, defendei, salvai o vosso Brasil. Amém.**

BÊNÇÃO FINAL

PRESIDENTE: — O Senhor esteja convosco
— **Ele está no meio de nós.**
— Pela intercessão de Nossa Senhora Aparecida, Rainha e Padroeira do Brasil, abençoe-vos Deus todo-poderoso, Pai † e Filho e Espírito Santo.
— **Amém.**
— A alegria do Senhor seja a vossa força; ide em paz e o Senhor vos acompanhe.
— **Graças a Deus!**

CANTO FINAL

"O verdadeiro devoto de Maria jamais se perde."

(Santo Afonso Maria de Ligório)

CÂNTICOS

CÂNTICOS A NOSSA SENHORA

1. GRAÇAS VOS DAMOS
EPD 0042

1. Graças vos damos, Senhora,/ Virgem por Deus escolhida,/ para Mãe do Redentor,/ ó Senhora Aparecida.

2. Louvemos sempre a Maria,/ Mãe de Deus, autor da vida./ Louvemos com alegria/ a Senhora Aparecida.

3. Como a rosa entre os espinhos,/ de graças enriquecida,/ sempre foi pura e sem mancha/ a Senhora Aparecida.

4. Se quisermos ser felizes,/ nesta e na outra vida,/ sejamos sempre devotos/ da Senhora Aparecida.

5. E na hora derradeira,/ ao sairmos desta vida,/ rogai a Deus por nós,/ Virgem Mãe Aparecida.

6. É nossa Co-Redentora!/ É por Deus favorecida,/ é por nós sempre louvada/ a Senhora Aparecida.

7. Seja, pois, sempre bendita/ a Virgem esclarecida;/ mil louvores sejam dados/ à Senhora Aparecida.

2. VIRGEM MÃE APARECIDA
Pe. João B. Lehmann

1. Virgem Mãe Aparecida,/ estendei o vosso olhar/ sobre o chão de nossa vida,/ sobre nós e nosso lar.

Virgem Mãe Aparecida,/ nossa vida e nossa luz,/ dai-nos sempre nesta vida/ paz e amor no bom Jesus.

2. Estendei os vossos braços/ que trazeis no peito em cruz,/ para nos guiar os passos/ para o reino de Jesus.

3. Desta vida nos extremos/ trazei paz, trazei perdão/ a nós, Mãe, que vos trazemos/ com amor no coração.

3. SANTA MÃE MARIA
José Acácio Santana

1. Santa Mãe Maria, nessa travessia,/ cubra--nos teu manto cor de anil./ Guarda nossa vida, Mãe Aparecida,/ Santa Padroeira do Brasil.

Ave, Maria! Ave, Maria!

2. Com amor divino guarda os peregrinos/ nesta caminhada para o além./ Dá-lhes companhia, pois também um dia/ foste peregrina de Belém.

3. Mulher peregrina, força feminina,/ a mais importante que existiu./
Com justiça queres que nossas mulheres/ sejam construtoras do Brasil.
4. Com seus passos lentos,/ enfrentando os ventos, quando sopram noutra direção./ Toda a Mãe Igreja pede que tu sejas/ companheira de Libertação.

4. SENHORA E MÃE APARECIDA

1. Senhora e Mãe Aparecida,
Maria, clamamos a vós!
Nos céus a Trindade vos louva,/ saúdam-vos todos os Santos./ Os coros dos Anjos repetem,/ a Santa Igreja aclama:/ Bendita sois entre as mulheres!/ Lá nos céus,
Rogai a Deus por nós!
2. Sois Virgem a Deus consagrada,
Maria, clamamos a vós!
Maria, sois imaculada,/ vós sois Mãe de Deus feito homem./ Vós fostes aos céus elevada,/ vós sois Medianeira das graças,/ vós sois Mãe querida da Igreja!
3. Vós sois a Rainha da Pátria,
Maria, clamamos a vós!

Do povo sois Mãe e Padroeira,/ da fé sois fiel defensora./ Sois causa da nossa esperança,/ sois Mãe do amor verdadeiro,/ sois fonte de toda virtude!

4. Ó Mãe, protegei nossos lares,
Maria, clamamos a vós!
Ó Mãe, amparai os idosos;/ ó Mãe, dirigi nossos jovens;/ ó Mãe, defendei as crianças;/ ó Mãe, convertei os que erram;/ ó Mãe, socorrei os que sofrem!

5. Vós sois o auxílio dos pobres,
Maria, clamamos a vós!
Sois vós dos enfermos saúde,/ sois nosso perpétuo socorro./ Senhora, guiai os Romeiros,/ velai pela vossa cidade,/ a todos lançai vossa bênção!

5. PELAS ESTRADAS DA VIDA
EPD 0305 - M. Espinosa

1. Pelas estradas da vida/ nunca sozinho estás./ Contigo, pelo caminho,/ Santa Maria vai.
Ó, vem conosco, vem caminhar,/ Santa Maria, vem! (bis)

2. Se pelo mundo os homens/ sem conhecer-se vão,/ não negues nunca a tua mão/ a quem te encontrar.

3. Mesmo que digam os homens:/ tu nada podes mudar,/ luta por um mundo novo/ de unidade e paz.
4. Se parecer tua vida/ inútil caminhar,/ lembra que abres caminho./ Outros te seguirão.

6. SOCORREI-NOS, Ó MARIA

1. Socorrei-nos, ó Maria,/ noite e dia, sem cessar!/ Os doentes e os aflitos/ vinde, vinde consolar!
Vosso olhar a nós, volvei,/ vossos filhos protegei!/ Ó Maria, ó Maria!/ Vossos filhos socorrei!
2. Dai saúde ao corpo enfermo,/ dai coragem na aflição!/ Sê a nossa doce estrela/ a brilhar na escuridão.
3. Que tenhamos cada dia/ pão e paz em nosso lar;/ e de Deus a santa graça/ vos pedimos neste altar.
4. Convertei os pecadores,/ para que voltem para Deus!/ Dos transviados sede guia/ no caminho para os céus.
5. Nas angústias e receios,/ sede, ó Mãe, a nossa luz!/ Dai-nos sempre fé e confiança/ no amor do bom Jesus.

7. OH! VINDE E VAMOS TODOS
Costamagna

Oh! vinde e vamos todos/ com flores à porfia,/ com flores a Maria, que é nossa amável Mãe!

1. De novo aqui estamos,/ puríssima donzela./ E mais que a lua bela,/ prostradas a teus pés.

2. Acredita, Auxiliadora!/ As nossas pobres flores,/ colhidas nos fervores/ do teu risonho mês!

3. São lírios de pureza,/ de amor fragrantes rosas,/ violetas humildosas,/ Senhora, bem o vês!

8. IMACULADA MARIA DE DEUS
EP 4519-5 - Letra: J. Thomaz Filho;
Música: Fr. Fabreti

Imaculada Maria de Deus,/ coração pobre acolhendo Jesus!/ Imaculada Maria do povo,/ Mãe dos aflitos que estão junto à cruz!

1. Um coração que era sim para a vida,/ um coração que era sim para o irmão,/ um coração que era sim para Deus,/ Reino de Deus renovando este chão.

2. Olhos abertos pra sede do povo,/ passo bem firme que o medo desterra,/ mãos estendidas que os tronos renegam,/ Reino de Deus que renova esta terra.

• 21 •

3. Faça-se, ó Pai, vossa plena vontade;/ que os nossos passos se tornem memória/ do amor fiel que Maria gerou;/ Reino de Deus atuando na História.

9. MARIA O MAGNIFICAT CANTOU

1. Maria o Magnificat cantou./ E com ela também nós vamos cantar./ Pão e vida é o brado de um Brasil/ que de norte a sul se uniu/ para o Cristo celebrar.
Aparecida é a Mãe do pescador,/ é a Mãe do Salvador,/ é a Mãe de todos nós.
2. Maria o Magnificat cantou./ E com ela também nós vamos cantar,/ protegendo e defendendo nosso irmão,/ que merece peixe e pão/ pra sua fome saciar.
3. Maria o Magnificat cantou./ E com ela também nós vamos cantar,/ nos unindo para a Ceia do Senhor,/ com Jesus, o Salvador,/ de mãos dadas com o irmão.
4. Maria o Magnificat cantou./ E com ela também nós vamos cantar./ O amor que, se fazendo refeição,/ sobre a mesa é vinho e pão,/ é corpo do Senhor.
5. Maria o Magnificat cantou./ E com ela também nós vamos cantar,/ implorando pelo

povo sofredor/ que, por falta de amor,/ nada tem para comer.

6. Maria o Magnificat cantou./ E com ela também nós vamos cantar./ De mãos dadas mais um ano passaremos/ e jamais esqueceremos/ desta Mãe que nos uniu.

10. AVE, CHEIA DE GRAÇA
COMEP 4519 - Pe. José Freitas Campos

Ave, cheia de graça,/ Ave, cheia de amor!/ Salve, ó Mãe de Jesus./ A ti nosso canto e nosso louvor! (bis)

1. Mãe do Criador, **rogai!** Mãe do Salvador, **rogai!** Do Libertador, **rogai por nós!** Mãe dos oprimidos, **rogai!** Mãe dos esquecidos, **rogai!** Dos desvalidos, **rogai por nós!**
Ave, cheia de graça...

2. Mãe do bóia-fria, **rogai!** Causa da alegria, **rogai!** Mãe das Mães, Maria, **rogai por nós!** Mãe dos humilhados, **rogai!** Dos martirizados, **rogai!** Marginalizados, **rogai por nós!**
Ave, cheia de graça...

3. Mãe dos despejados, **rogai!** Dos abandonados, **rogai!** Dos desempregados, **rogai por nós!** Mãe dos pescadores, **rogai!** Dos agricultores, **rogai!** Santos e Doutores, **rogai por nós!**

• 23 •

Ave, cheia de graça...
4. Mãe do céu clemente, **rogai!** Mãe dos doentes, **rogai!** Do menor carente, **rogai por nós!** Mãe dos operários, **rogai!** Dos presidiários, **rogai!** Dos sem-salários, **rogai por nós!**

11. NESSA CURVA DO RIO, TÃO MANSA
(Hino Oficial do XI Congresso Eucarístico Nacional - Aparecida) Letra: Pe. Lúcio Floro

1. Nessa curva do rio, tão mansa,/ onde o pobre seu pão foi buscar,/ o Brasil encontrou a Esperança:/ esta Mãe que por nós vem rezar!
O mistério supremo do Amor/ com Maria viemos cantar!/ A nossa alma engrandece o Senhor!/ Deus que salva hoje é Pão neste altar!
2. Nosso altar tem um jeito de mesa,/ e aqui somos um só coração./ Que esta festa nos dê a certeza:/ não teremos mais mesa sem pão!
3. Quando o vinho faltou, foi Maria/ que em Caná fez a prece eficaz./ Nosso povo aqui veio e confia:/ quer seu pão e ter voz e ter paz.
4. Há soberbos num trono com tudo.../ e há pobres sem nada no chão.../ Deus é Pai, ela é Mãe! Não me iludo:/ Não és rico, nem pobre, és irmão!

• 24 •

12. LÁ NO ALTAR DE APARECIDA
Padre Zezinho

Em procissão, em romaria, romeiro ruma para a casa de Maria. Em procissão, feliz da vida, romeiro vai buscar a paz de aparecida.

1. E cada qual tem uma história pra contar, e o coração de cada qual tem um motivo pra rezar. Vem pra pedir agradecer ou celebrar, ai quem tem fé no infinito sabe aonde quer chegar.

2. Eu vim de carro, eu vim de trem, eu vim a pé, eu vim de perto, eu vim de longe, eu vim sereno eu vim com fé, que nem se eu fosse até o lar de Nazaré, pra conversar com Jesus Cristo, e com Maria e com José.

3. Vim ver a imagem que no rio foi achada e sei também sei muito bem que ela não é nossa senhora. Não vim falar com a imagem não senhor, eu vim falar e com Maria, que é a mãe do salvador!

4. Tenho certeza que eu não faço idolatria, aquela imagem pequenina nunca foi nem é Maria! É só sinal pr'eu me lembrar da mãe de Deus, que me conduz a Jesus Cristo que me ensina a ser mais eu!

5. Eu vim juntar à minha pobre oração à oração da minha igreja e de outros milhares,

meus irmãos. Aparecida é um convite pra rezar, por isso eu venho todo ano e para o ano eu vou voltar
6. Eu tô chegando, eu tô feliz, feliz da vida, vou rezar com minha gente lá no altar de aparecida. E romaria a gente faz porque acredita que a viagem vale a pena e faz a vida mais bendita!

CÂNTICOS DIVERSOS

13. SENHOR, QUEM ENTRARÁ
EPD 0367
1. Senhor, quem entrará no santuário pra te louvar? (bis)/ Quem tem as mãos limpas e o coração puro,/ quem não é vaidoso e sabe amar. (bis)
2. Senhor, eu quero entrar no santuário pra te louvar. (bis)/ Oh, dá-me mãos limpas e um coração puro,/ arranca a vaidade, ensina-me a amar. (bis)
3. Senhor, já posso entrar no santuário pra te louvar. (bis)/ Teu sangue me lava, teu fogo me queima,/ o Espírito Santo inunda meu ser. (bis)

14. VAI FALAR NO EVANGELHO
SV 030 - Ir. Míria T. Kolling

1. Vai falar no Evangelho/ Jesus Cristo, aleluia!/ Sua Palavra é alimento/ que dá vida, aleluia!

Glória a ti, Senhor,/ toda a graça e louvor! (bis)

2. A mensagem da alegria/ ouviremos, aleluia!/ De Deus as maravilhas/ cantaremos, aleluia!

15. VEM, ESPÍRITO SANTO, VEM
Fr. Sperandio

Vem, Espírito Santo, vem, vem iluminar.

1. Nossos caminhos vem iluminar./ Nossas ideias vem iluminar./ Nossas angústias vem iluminar./ As incertezas vem iluminar.

2. Nosso encontro vem iluminar./ Nossa história vem iluminar./ Toda a Igreja vem iluminar./ A humanidade vem iluminar.

16. QUE NENHUMA FAMÍLIA
Pe. Zezinho, S.C.J.

1. Que nenhuma família comece em qualquer de repente,/ que nenhuma família termine por falta de amor./ Que o casal seja um para

• 27 •

o outro de corpo e de mente,/ e que nada no mundo separe o casal sonhador.

2. Que nenhuma família se abrigue debaixo da ponte,/ que ninguém interfira no lar e na vida dos dois./ Que ninguém os obrigue a viver sem nenhum horizonte./ Que eles vivam do ontem, no hoje e em função de um depois.

Que a família comece e termine sabendo onde vai./ E que o homem carregue nos ombros a graça de um pai./ Que a mulher seja um céu de ternura, aconchego e calor,/ e que os filhos conheçam a força que brota do amor./ Abençoa, Senhor, as famílias, amém./ Abençoa, Senhor, a minha também. (bis)

3. Que o marido e mulher tenham força de amar sem medida./ Que ninguém vá dormir sem pedir ou sem dar seu perdão./ Que as crianças aprendam no colo o sentido da vida./ Que a família celebre a partilha do abraço e do pão.

4. Que marido e mulher não se traiam nem traiam seus filhos./ Que o ciúme não mate a certeza do amor entre os dois./ Que no seu firmamento a estrela que tem maior brilho/

seja a firme esperança de um céu aqui mesmo e depois.
Que a família comece e termine...

17. TE AMAREI
LP Louvemos ao Senhor 7 - D.R.

1. Me chamaste para caminhar na vida contigo,/ decidi para sempre seguir-te, não voltar atrás./ Me puseste uma brasa no peito e uma flecha na alma,/ é difícil agora viver sem lembrar-me de ti.

Te amarei, Senhor, te amarei, Senhor;/ eu só encontro a paz e a alegria bem perto de ti. (bis)

2. Eu pensei muitas vezes calar e não dar nem resposta,/ eu pensei na fuga esconder-me, ir longe de ti./ Mas tua força venceu e ao final eu fiquei seduzido,/ é difícil agora viver sem saudades de ti.

3. Jesus, não me deixes jamais caminhar solitário,/ pois conheces a minha fraqueza e o meu coração./ Vem ensinar-me a viver na tua presença,/ no amor dos irmãos, na alegria, na paz, na união.

18. GLÓRIA A JESUS NA HÓSTIA SANTA

1. Glória a Jesus na hóstia santa,/ que se consagra sobre o altar,/ e aos nossos olhos se levanta,/ para o Brasil abençoar.
Que o santo Sacramento,/ que é o próprio Cristo Jesus,/ seja adorado e seja amado/ nesta terra de santa Cruz.
2. Glória a Jesus, Deus escondido,/ que, vindo a nós na comunhão,/ purificado, enriquecido,/ deixa-nos sempre o coração.
3. Glória a Jesus, que ao rico, ao pobre/ se dá na hóstia em alimento,/ e faz do humilde e faz do nobre/ um outro Cristo em tal momento.

19. JESUS CRISTO ESTÁ REALMENTE

1. Jesus Cristo está realmente/ de dia e de noite presente no altar,/ esperando que cheguem as almas,/ ansiosas, ferventes, para o visitar.
Jesus, nosso Pai, Jesus, Redentor,/ nós te adoramos na Eucaristia,/ Jesus de Maria, Jesus, Rei de amor.
2. Que Jesus morre misticamente/ na missa sagrada é dogma de fé;/ cada dia, milhares de vezes,/ Jesus se oferece por nós, sua grei.

3. Brasileiros, quereis que esta pátria,/ tão grande e tão bela, seja perenal?/ Comungai, comungai, todo dia,/ a Eucaristia é vida imortal.
4. Cristo Rei é Senhor dos senhores,/ um dia na terra só tu reinarás;/ venha a nós, venha logo o teu reino/ de vida e verdade, de amor e de paz.

20. EU QUISERA
Francisca Butler – Assoc. do Senhor Jesus

1. Eu quisera, Jesus adorado,/ teu sacrário de amor rodear,/ de almas puras, florinhas mimosas,/ perfumando teu Santo Altar.

O desejo de ver-te adorado,/ tanto invade o meu coração,/ que eu quisera estar noite e dia/ a teus pés em humilde oração.

2. Pelas almas, as mais pecadoras/ eu te peço, Jesus, o perdão;/ dá-lhes todo amor e carinho,/ todo afeto do teu coração.

3. Pelas almas que não te conhecem,/ eu quisera, Jesus, só te amar;/ e daqueles que de ti se esquecem,/ as loucuras também reparar.

4. E se um dia, meu Jesus amado,/ meu desejo se realizar,/ hei de amar-te por todos aqueles/ que, Jesus, não te querem amar.

21. JESUS CRISTO É O SENHOR
Jorge Himitiam – Comep 0367

**Jesus Cristo é o Senhor, o Senhor, o Senhor!/
Jesus Cristo é o Senhor, Glória a ti, Senhor!**
1. Da minha vida Ele é o Senhor (3 vezes).
Glória a ti, Senhor!
2. Do meu passado Ele é o Senhor (3 vezes).
Glória a ti, Senhor!
3. Do meu futuro Ele é o Senhor (3 vezes).
Glória a ti, Senhor!

22. GRAÇAS E LOUVORES NÓS VOS DAMOS
Pe. Ronoaldo Pelaquin, C.Ss.R.

Graças e louvores nós vos damos a cada momento:/ Ó Santíssimo e Diviníssimo Sacramento. (Bis)
1. No sacramento misterioso do teu altar,/ o que era pão agora é a carne de Jesus./ Quero comungar o corpo de Deus,/ quero o teu corpo comungar! (Bis)
2. No sacramento misterioso do teu altar,/ o que era vinho agora é o sangue de Jesus./ Quero comungar o sangue de Deus,/ quero o teu sangue comungar! (Bis)
3. Se tu me deste tua vida, ó meu Senhor,/ se tu me deste tua vida em comunhão,/ quero

distribuir-te ao meu irmão,/ quero distribuir-te com meu amor! (Bis)

23. LOUVADO SEJA NOSSO SENHOR JESUS CRISTO
Pe. Ronoaldo Pelaquin, C.Ss.R.

Louvado seja nosso Senhor Jesus cristo, para sempre seja louvado, para sempre seja louvado!

1. A história em Nazaré aconteceu, quando o anjo do Senhor apareceu a Santa Virgem Maria, dizendo que ela seria, a mãe do filho de Deus, e Cujo nome seria o de Jesus Salvador, Jesus o Cristo Senhor.

2. A história em nossa vida continua, quando a minha fé em Deus é igual a sua, para louvar o amor que de Maria nasceu e que por nós na cruz morreu.

Louvado seja o amor, louvado seja Jesus, Jesus o Cristo Senhor.

24. EU VI MINHA MÃE REZANDO
Pe. Ronoaldo Pelaquin, C.Ss.R.

Eu vi minha mãe rezando, aos pés da Virgem Maria, era uma Santa escutando o que outra santa dizia. (Bis)

1. A Santa pra quem minha mãe rezava, era a Senhora Aparecida, **por minha saúde ela rezava, rezava por minha vida. (Bis)**
2. Nas dores da vida minha mãe rezava, vendo que a Santa ouvia **e tudo o que o filho bem precisa, do alto a Santa atendia. (Bis)**
3. Assim aprendi a gostar de Maria, bem como minha mãe gostava, **e agora das duas as Glórias eu canto, que elas me façam mais Santo. (Bis)**

25. A TI, MEU DEUS
Frei Fabreti – Paulinas Comep

1. A ti, meu Deus, elevo meu coração,/ elevo as minhas mãos, meu olhar, minha voz./ A ti, meu Deus, eu quero oferecer/ meus passos e meu viver, meus caminhos, meu sofrer.
A tua ternura, Senhor, vem me abraçar/ e a tua bondade infinita me perdoar,/ vou ser o teu seguidor/ e te dar o meu coração./ Eu quero sentir o calor de tuas mãos.
2. A ti, meu Deus, que és bom e que tens amor/ ao pobre e ao sofredor, vou servir e esperar./ Em ti, Senhor, humildes se alegrarão,/ cantando a nova canção de esperança e de paz.

26. PELOS PRADOS E CAMPINAS (Sl 22)
Tom: D
Frei Fabreti – Paulinas Comep

1. Pelos prados e Campinas verdejantes eu vou!/ É o Senhor que me leva a descansar./ Junto ás fontes de águas puras, repousantes, eu vou!/ Minhas forças o Senhor vai animar!
Tu és, Senhor, o meu Pastor!/ Por isso nada em minha vida faltará!

2. Nos caminhos mais seguros, junto dele, eu vou!/ E pra sempre o seu nome eu honrarei./ Se eu encontro mil abismos nos caminhos, eu vou!/ Segurança sempre tenho em suas mãos!

3. No banquete em sua casa, muito alegre, eu vou!/ Um lugar em sua mesa me preparou!/ Ele unge minha fronte e me faz ser feliz, / e transborda em minha taça o seu amor.

4. Bem á frente do inimigo, confiante eu vou!/ Tenho sempre o Senhor junto de mim./ Seu cajado me protege e eu jamais temerei. / Sempre junto do Senhor eu estarei.

5. C'o alegria e esperança caminhando eu vou!/ Minha vida está sempre em suas mãos./ E na casa do Senhor eu irei habitar./ Este canto para sempre irei cantar!

ANEXO

LOUVORES

Bendito seja Deus,
Bendito seja seu santo nome.
Bendito seja Jesus Cristo,
verdadeiro Deus e verdadeiro homem.
Bendito seja o nome de Jesus.
Bendito seja o seu sacratíssimo Coração.
Bendito seja seu preciosíssimo Sangue.
Bendito seja Jesus Cristo
no Santíssimo Sacramento do Altar.
Bendito seja o Espírito Santo, Paráclito.
Bendita seja a grande Mãe de Deus,
Maria Santíssima.
Bendita seja a sua gloriosa assunção.
Bendita seja a sua santa e Imaculada Conceição.
Bendito seja o nome de Maria, Virgem e Mãe.
Bendito seja São José, seu castíssimo esposo.
Bendito seja Deus nos seus anjos e nos seus santos.

ORAÇÃO PELA IGREJA e PELA PÁTRIA

Deus e Senhor nosso, protegei a vossa Igreja, dai-lhe santos pastores e dignos ministros. Derramai as vossas bênçãos sobre o nosso Santo Padre, o papa, sobre o nosso bispo, sobre o nosso pároco e todo o clero, sobre o chefe da nação e do Estado e sobre todas as pessoas constituídas em dignidade para que governem com justiça. Dai ao povo brasileiro paz constante e prosperidade completa. Favorecei com os efeitos contínuos de vossa bondade o Brasil, este (arce)bispado, a paróquia em que habitamos, cada um de nós em particular e todas as pessoas por quem somos obrigados a rezar ou que se recomendaram as nossas orações. Tende misericórdia das almas dos fiéis que padecem no purgatório. Dai-lhes, Senhor, o descanso e a luz eterna.

Este livro foi composto com as famílias tipográficas Calibri e PT Serif
e impresso em papel Offset 75g/m² pela **Gráfica Santuário.**